JN441313

낙엽송 새순잎 빛깔

김찬중 시집

시와사람

© 김찬중, 2025
저작권에 의해 보호를 받는 저작물이므로
출판사와 저자의 허락 없이 무단 전재와 복제를 금합니다.

낙엽송 새순잎 빛깔

245. Schlangen, Holzschnitt, 1969
(뱀)

내가 무엇이기에 그렇게 생각해주시고, 내가 무엇이기에
그렇게 돌봐 주십니까?

What am I, that you think of me; that you care for me?
Was bin denn ich, daβ du meiner gedenken
und sich meiner annehmen?
Qu'est-ce que ju suis, pour que tu te souviennes de moi?
et le moi, pour que tu prennes garde à moi?

책을 펴내며

학창 시절 학업에 열중하기 위해 줄기차게 뛰어다니며
캠퍼스 움큼 동산을 부산나게 가는 중
아침 햇살 비취는 연녹색 황홀해
그 색 무어라 말하고 싶었지만,
나뭇잎 떨어져 가는 가을에야
맞다! "낙엽송 새순잎 빛깔"이라 했다.

세월 흘러 글을 쓴다는 생각 없이 노후되고
어느 날 머리를 스치는 영감 떠올라
글을 썼다.

어린 시절 시골 농촌에서 성장해
자연이 마음에 들어와 있어
어린 추억을 되새기며 글을 썼다.

시를 많이 읽고 감상에 젖어
흔히 말하는 문학청년이었지만
글을 쓴다고는 전연 생각 못하고 세월이 흘러
깊은 산 옹달샘 물처럼 졸졸 흐르고
글을 쓴다.

낙엽송 새순잎 빛깔 _ 차례

1부 살며 사랑하며

2부 물맛 같은 사랑

3부 눈물은

4부 추억

5부 고향 가는 길

낙엽송 새순잎 빛깔

제1부

살며 사랑하며

95. Relativität, Lithographie, 1953
(상대성), 석판

서시(序詩)

생각하면 생각할수록 감동이고
보면 볼수록 빛인 모습
부를 때마다 내 가슴에 별이 되는 이름
새롭게 뜨겁게 사랑하고 싶다….

기도

두 손 모아 기도하는 소녀의
기도도 기도지만

울부짖으며 넋두리 쏟아내는
심정으로 외치는 억울함도 기도다.

간절한 마음에서 쏟아내는
말도 기도, 온 정성을 다해
억눌린 가슴으로 쏟아내는 말도

평상시에 자신의 염원을 허공에
쏟아내도 마찬가지.

꽉 막힌 간절한 심정
내 소원대로 이루어지는
볼 수는 없지만 내가 믿는
신에게 기도한다.

세상의 중심이 어머니다.
어머니는 내 가슴에 살아 숨 쉬는
나를 사랑으로 채워주는 신 같은 분이다.

사랑이신 성모님께 기도하는 이유다.

하늘의 뜻

살아가는 삶의 모습
하늘의 뜻이다.
자신이 이루고자 한 꿈도

마음대로 꿈꾸어도,
하늘의 뜻으로 이루어진다.

위대한 꿈도 소망한 대로
이루어진 사랑도 하늘의 뜻이다.

사랑의 느낌도 하늘의 뜻이
아닐까 하며 사춘기 때 느낀
그 아름다운 내 영혼을
아름답게 하면 뼈와 살이 되어
노년을 맞는다.

내 뜻대로 되는 일이 많다고
생각하며 할수록 공허해지고,
하늘의 뜻이라 믿으며 살아간다.

텅 빈 가슴에 사랑이 채워져 간다.
하늘의 뜻으로.

그리움

봄바람 불면 봄이 오는 길목에
눈 빠지는 그리움

서성이며 그리움이 내 행복이고
마음에 평화 느끼며

아름답게 살려고 오늘도 행복에
겨워하는 마음 사랑 채워 주고
내 영혼에 물기 적셔주고
내 마음 편케 해 주었던

진흙에 더럽혀지지 않는 연꽃
곱고 향기로운 모습 내 가슴을 뛰게
꽃 피는 봄 애타게 그리워지는

사랑하는 사람은 내 곁에서
나를 사랑해주는
내 삶이 계속하는 그리움이다.

내 마음속에 오는 듯한 사랑
느끼며.

인·신·사·해(寅·申·巳·亥)

옆집 역학자 동촌(東村) 김용환
호남 제일 검은 승용차 집 앞 즐비

박정희 쿠데타 백운학에게 감정하니
18년 권력 손에 쥘 것이다.

신발 신고 나올 때 동행한
JP에 그러나, 죽음 비참하게
맞겠다 귀띔해 주고

총에 맞아 죽으니 JP 무릎치고
백운학 한 말 맞았다고 했고

동촌 선생이 박정희 죽기 달포 전에
위험하니 조심하라 했어도

10·26 아침 떨어진 쇳빛 부러져
이발사 발로 감추었지만, 그날 죽임당했다.

박정희 군수 사령관 황제 예언한
사병이었던 제산 박제현
인·신·사·해(寅·申·巳·亥) 간지 있어서다.

박제현에게 5·16쿠데타 후
함안 군수 극구 사양했다.

하늘의 뜻

처음 느낀 사춘기 예쁘게 보인
첫인상의 그녀 볼수록 눈부시게
빛나고 있어 내 눈엔 그녀만

가슴에 꽂힌 그녀의 모든 것은
그녀 집 앞을 지나가는 먼발치
가슴 뛰고 설레는 순수한 마음

냉가슴 안고 살아가면서도 사랑이
가득 차 넘쳐흘러도 말을 할 수가

그녀 집 쪽에서 불어오는 바람
상쾌하다 못해 기분이 너무 좋은

친구들 혹 그녀 얘기 나오면
얼굴부터 붉어져 가는 모습에

설레는 가슴을 주체할 수 없이
세월이 흘러가는 속에서 애태우며
그리움 삭히며 살아왔다.

물맛 사랑했기에 불순물 들어가지 않으면
천년, 만년이고 변하지 않는
마음 살아간다.

고해 성사와 양심

버스 안내원 처녀들 인권 사각지대 살아갔다.
한 코스 돌고 오면 일정액이 정해지지 않아
어쩔 수 없이 삥땅할 때가 많아져
의심이 가면 팬티 속까지 보여주는
식으로 가혹했다.

버스 안내원 처녀 고해 성사로
어려움 토했으나 사제도 어쩔 줄 몰라
주교에게 성사, 그 결말은
삥땅 치는 처녀 아가씨의 죄가 아니라
구조적인 사회 문제이기에
사회가 도둑이라 말한 주교

전후 독일 혹독한 추위에 미군 석탄
난방했던 주부 고해 성사하고,
당시 주교 말씀 도둑질 아니다 했다.

혹독한 추위에 석탄 훔쳐 난방해서
미국이 망하는 것도 아니고

석탄 훔쳐 난방한다 해서 부자 되는 것도 아니기에
우리 사회가 위험할 정도로
빈부 격차가 심해져 가고 있다.
너무 걱정된다.

살(煞)든 국회 의사봉

해방 전에 고급 요정 지배인
외상 술값 받으러 다닌 이기붕이

그 악랄한 3·15 부정 선거법 국회에서
통과시키려 의사봉(議事棒) 내려칠 때

의사봉 살(煞) 들어 봉이 떨어졌다.
떨어져 간 의사봉 손잡이 없이
두 번 더 친 후

나라 망할 징조를 그 순간에
알았을 것인데

미군정 시절 형님 나라 높은 분들
아부해서 늙은 이승만과 대통령
정·부 후보로 나온 후
패악적으로 정치해서

교수였던 박마리아 부통령인 양
장관들에 죽는 순간까지 직접 지시

4·19혁명과 이기봉 아들 강석이
가족 모두 총살하고 스스로 자살

하느님, 하느님 하며 그렇게 기도했어도….

동학혁명 백 년이 지난 후
-제4격전지 장흥에서

가지산(伽智山) 천년 고찰 보림사(寶林寺)
기슭을 지나 탐진강 흐르는,
강진 백년사 흐르는 예양강(汭陽江)

동학혁명 백 년 지나서 "동학혁명 기념비"
관군, 동학군 후손 그 탑 세우고 부수기를 반복
우여곡절 끝에 동학혁명 기념탑 세워

백 년이 지나도 자손들의 핏속에
맺힌 감정 폭발했겠지만….

동학군 명부를 관리했던 영호(永皞)
함자인 선조분이 출정하기 전 동학군
명부 소각, 피를 부른 화가 적었다.

부르면 부를수록 내 가슴에 별이 되는
조상 너무 자랑스럽다.
지금도.

백팔 가지 방법

인간은 소우주고 만물의 영장
사람이 하늘이요, 사람 사랑이
하느님 사랑하는 것이다.

인간은 승화된 신의 경지 이르지
못하는 건 마음이 편협, 감정
표출하며 살아가는

여섯 가지 감정 육체, 정신, 시간상
과거, 현재, 미래 다시 감정을 뜨겁게,
중간 정도, 미지근하게 마음 편협된
6×2×3×3=108로

우린 죄를 짓고 살아간다. 아무도
모르게 살아있는 동안 감정 살아
숨쉬기에

사랑하고 자비 베풀며 해탈 심정
살아가면 모든 업 소멸하겠지만
하느님 모습 찾으려면 사람 사랑 해야

진정한 기도, 자신 속에 자신 찾는
하느님 속에서.

등나무꽃

꽃처럼 예쁜 마음 등나무
포도송이 꽃을 봐야 한다.

향기 많은 보라색 등나무꽃
누구나 좋아하지만

보라색을 좋아하는 그녀는
등나무 보라색 시기심을 낸다.

포도송이 꽃 핀, 진한 꽃향기에
영혼까지 젖어 들기를 바라는
마음은 사랑이 많아서고

사랑 채우기 위해서가 아니라
못다한 사랑 고민하며

끊임없이 삶의 방황에서 오는
인간적인 사랑을 위해서다.

등나무꽃 그들을 위해
등나무 아래 꽃피어 난다.
향기 가득한 보라색으로.

등나무꽃 아래서

무르익어가는 산천 보며
정답게 만나 얘기하고픈

그녀와 잘 단장된 등나무
꽃향기 진동하는 꽃향기만큼
순수한 마음 오순도순

물끄러미 나무 아래로 피어있는
등나무꽃이 그녀 닮아가는
모습 느끼며

뜨거워져 오는 감정 어쩌지 못했다.
가슴속에 부풀어 오는 사랑한다는 말
냉가슴으로 못 하고

우리의 참사랑 이어져 가도록
열정을 쏟고 싶다.

사랑할수록 더 힘들어져 가는
사랑한다는 말은 둥근 달처럼
가슴속에서 맴돌며.

봄비

봄엔 동풍 불면 봄비가 온다.
소리 없이 내리는 봄비에
새롭게 소생하는 어린 새싹

비가 온 후 만물이 새로운
자연의 신비 움트는 식물의
희망찬 모습 계절의 아름다움

신비를 느끼는 봄은 우리를
다시 새 꿈으로 이끌어간다.

새 꿈을 꾸는 희망은 자연이
주는 신비 더욱 알찬 사랑
시간이 될 수 있게 꿈꾸면
사랑하며 살아갈 수 있게.

장흥 동학혁명 격전지

천년 고찰 보림사에서 흐르는
예양강(汭陽江) 동학 격전지 장흥에
동학혁명 기념탑 건립할 때

관군, 동학군 후손 사이
감정이 격해 탑을 세우고 허물기를 반복

병마절도사가 주둔한 고향 병영에도
동학군이 창성, 전투에 참여했지만

출병하기 전 동학 혁명군 명부를
소각한 선조 영호(永噑) 조부 빛난
지혜로 고향은 동학혁명 후유증 없었다.

생각하면 할수록 빛인 한 사람의 지혜가
얼마나 아름다움인가를
세월이 지나도 알게 된다.

아름다운 센 부른 궁

오스트리아 황제 여름 집무실
센 부른 궁은 계절 따라 모습
다양하여

아침 산책 흥미롭다
다람쥐가 재빠르게 나무 위로
왔다 갔다 모습은 가관이고

손 위의 모이
새들이 조용히 날아와 쪼아댄다.
그 순간은 자연과 교감
하나 된 모양 짜릿하다

황제 궁이어서 구경거리 많아
그중 눈길이 가는 야누스
대리석상 혹여 자신이 야누스
마음이 아니길 다시 쳐다본다.

희랍신화 대리석 조각 사랑의
여신도 무척 흥미롭다.

나폴레옹 아들 노리개 새도
손 위에 있다.

눈 속에 핀 매화

눈 속 매화 꽃망울 피려고
아름다운 모습
눈 보면 애들 좋아하는 예쁜
모습 매화 망울 기쁨 주기에
순수해지는 속마음

눈 속에 핀 매화 향기 좋아하고,
사랑하지 않고는 견딜 수 없는
사랑, 애타는 줄 미처 몰랐고

꽃 앞에 가슴 떨리고 두근대는
어리둥절 물맛 순수한 사랑
눈 속에 핀 매화 내 모습 알아봐서
꽃이 핀 듯 맑은 웃음과 향기

오래오래 바라보며 핀 매화,
향기에 취해서 활기차게
살아간다.

매화 사랑

눈 속에 핀 매화 두근두근
얼굴 붉어지고 뜨거워지는
눈 속에 핀 매화 그리워하며
사랑한다.

말 못 한 마음속에 숨겨둔 첫사랑
매화 사랑 하늘의 뜻 알게 된 첫사랑
이루지 못하고 애태우는
마음속 깊은 곳 아끼고 아끼는 보물

꽃 보면 꽃잎 속에 그녀 보이고
방긋 웃는 모습 알아보는 듯

말없이 서로 미소 짓고 구름 속에
빛나는 햇살처럼 그 모습 보면
볼수록 내겐 빛인

반겨주는 꽃처럼 아름다운
사랑하는 그녀!

매화 향기

향기 담아 피어나는 매화는
가슴에 스며든 사랑일 건데

추위에 피어나는 매화
언 냉가슴 피게 하려고 피는 걸까?

보면 아름다워 웃음 짓고
옆에 가면 향기 취해 이 향기 사랑하는
그녀에게 보내 주고 싶어

가슴에 채워 향기 지체 말고
그녀에게 반갑게 맞이할 그녀
상상하며 미소 짓고

꽃 앞에서 서성이는 내 모습
매화꽃도 짐작했겠지,
주지 않고는 견딜 수 없는 사랑
더없이 순수한 사랑

내 가슴에도 매화처럼
화사하게 피길 바라며.

팔만대장경

부처님 말씀 고귀하여 목판에
새겨 놓은 팔만대장경

세상에서 제일 값지고 귀한
경전인데 그 목판 무슨 나무

고려시대 전 국토에 아름드리
산벚나무로 만들었고

경전 만들기 바닷물 삼 년
잠기고 담기 반복하여
그 정성이 아직도 밴
봄이면 산벚꽃 피어
온통 꽃산이었는데

그 경전 우리 국토 지켜주었고
화사한 꽃보다 더 아름답게 피어있다.

지금도 찬란하여 보물보다
귀하고 존재하는 자체 빛이다.

살아서도 꽃 피고, 죽어서도 꽃피는
인연이었을까?
부처님 말씀과 함께

뉴욕 맨해튼

원래 원주민은 인디언
네덜란드인들 식기류
주고 차지한 땅을

욕심낸 색슨족들이 싸워 뺏은 땅이
세상에서 가장 비싸고 값진 땅이 되고

세계를 지배하는 중심지다.
섬으로 연결돼 있어 건물 많아
밑으로 가라앉을까?
하지만 바로 밑은 바위여서
그런 걱정 없다고

고대 뉴욕 같은 도시도
오늘 폐허가 되어
쓸쓸하듯 알 수가 없다

뉴욕도 그렇게 될 날이 올지.

빼앗긴 땅을 찾을 수 있을까?

이천년이나 세계를 유랑했으면서
고난, 고통에 역사를 만들어 갔는데
떠난 땅에 새 주인이라고
돌아온 유대인,

우리 조상 기마민족 고구려 영토였던
잃어버린 땅 다시 찾아야!

패전 후 만주가 치외법권
전쟁 도와준다고 슬그머니
중국이 차지한 광활한 만주는
우리가 차지할 수 있었는데

신생국인 중국 미약한 힘이었기에
분명 우리 영토라 할 최적의 기회였는데
전쟁만 없었다면, 너무 아쉽다.

빼앗긴 영토가 우리가 주인 될 날이 온다
중국 젊은이들 알고 있다
한민족이 올 곳이라며
스스로 말하고.

영혼에 묻은 때

시골 중학교 졸업 후 도시로
고교 진학 종교계통 미션학교
외국 수사, 신부님들 많은
영어로 대화할 절호의 기회!

주요한 어느 교장 선생님이 농번기
방학 오셔 강연 중에 농번기 방학 때
농촌집 가서 열심히 도와주라며,

"살결에 묻은 때 곧바로 씻을 수 있지만,
영혼에 묻은 때 영원히 씻을 수 없을른지" 감동,

내 영혼을 살찌게 해선지 선하게
사려고 평생 안간힘 쏟았다.

부모님 농사일 열심히 도울 때
장맛비 계속 오겠냐는 물음에

서풍 부니 장마가 그친다고 했던
대답은 교과서에 있던
한용운 선생 시구절 때문이다.

마당 빳기와 카니발

사순절 맞이하기 전 광란 시기 있어
사람들 관심이 대단하다.
국가적인 큰 행사로 카니발

유럽도 각 단체에서 무도회를 하고
새해를 맞이하여 안녕과
평화를 빌기 위한 행사다.

우리 민속 신(神)에게 복(福)을 빌고
재앙을 물리치고자 기도한

우리 마당 빳기도 정초 한 해
가정의 복을 빌길 위해서
사물놀이를 하고

슬기롭다는 인간도 화복만큼은
어쩔 수 없기 때문

서양 카니발, 마당 빳기는
인간 화복을 신에 기도
중요한 문화다.

시간이 갈수록 우리 마당

뺏기는 잊혀가고 있어
너무 아쉽다.

국보 일호 남대문

도선(道詵) 국사가 창건했다는
화순 운주사 와불(臥佛)
천불천탑(千佛千塔) 앞

신응수 대목장이 문화해설사로
일행에게 엉터리 해설하기에

화가 나 정확하게 말하니
말없이 꽁무니 빼고

남대문 방화 후
대목장 신응수가 건설할 때,
곱게 자란 멋진 강원도 금강송
수십 주 빼돌려 엉터리 보수

부뚜막 생선토막 고양이에 맡긴 격인데
신응수 대목장이 거들대고 엉터리
문화해설은

와불 천탑 미륵불에 대한 모독
무엇 의미한지도 모르고

못된 송아지는 엉덩이에 뿔이 난다는데

이런 작자 아직도 국보급 건물 증축마다
세상은 이렇듯 한심하게 속여야
대목장일까?

동방의 빛

유대인의 역사 고난, 고통의
역사라 하지만 우리처럼 저항 안 하였다.
노예로 수백 년 살면서도

아시아에서 가장 명석하고
기품있는 생김새의 기마족
한민족

기품 자체가 다르다
더구나 팬데믹 이후 뚜렷한 경제 성장
우뚝 솟을 것이다.
우리의 저력은 팬데믹 이후

왜놈들이 그렇게 닦달했어도
위기를 기회로 삼아 벗어나고
넘쳐 흐른 기술력

우리 민족은 정의와 민주
열망이 커서다.
동방의 빛으로 오고 있다.

민족의 서광이 새해부터

희망으로 가득할 것이다.
우리가 바라는 대로.

마지막 기도

시골 성장한 나는 가끔 도시 와서
영화 보며 사랑하는 사람에게 열쇠
주는 모습 보곤 이해가

유럽에서 살아 본 후 열쇠가
무엇 의미하는지 알게 됐고 사랑하는
사람 들어 올 중요한 도구라고….

삶을 살아오며 천국 있을까 막연히
생각하며 살아온 내가 요즘
가야 할 곳 골똘히 느끼며

예수 내 마음에 든 자라 말한
하느님이 계신가 하면서도 하느님

마음에 들게 삶을 살아가야 한다.
머리를 스쳐지나면 더욱 고뇌에
빠져든다.

천국 가는 열쇠 나에게도 열어
주실까 골똘히 생각하면서

하느님, 하느님, 우리 하느님

이 한 목숨 바쳐도 안 아까울
우리 하느님 하며 늦게라도.

첫사랑 하늘의 뜻

하늘의 뜻으로 첫사랑 내 눈에
보였던 주위에 친구들 검정 나비,
그녀 분명 황금 노랑나비

그녀 집 앞 지날 때도 먼발치에서
불어오는 바람 향기 느끼며 흐뭇한

마음 가득히 사랑했기에
할 말을 잃고 세월 지나 조용히 읊조리듯

그때 주위에 내 눈엔 검정 나비
황금빛 노랑나비로 보인
널 내 두 손으로 잡고 싶었다고

그녀 앞에서 말하곤 붉어져 오는
모습 새삼 부끄러워한 고백

아직도 네 이름만 들어도 가슴
뛰는 그 모습 소녀로 남아 있다.

깊은 산속 옹달샘 물맛 불순물
들어가지 않으면 천년만년
변하지 않는 물맛으로.

제2부

물맛 같은 사랑

186. Belvedere, Lithographie, 1958
(전망대)

Speak to me, will speak of me

- 내게 남 험담한 친구, 내 험담 친구에게 한다

아직도 내 가슴을 뜨겁게 하는
"밤하늘에 빛나는 별빛과 가슴에
흐르는 도덕률이다" 철학자 심정
자연의 경외 알게 된 마음

젊어선 어수선한 생각 확신 없어
깊은 의미 스치고 지나
자연의 속삭임이 들리는 듯

볼 수는 없지만 내가 믿는 신의
은총 속 주신 덕과 뜻에 감사 말했듯

하늘의 뜻이라 어떤 것에도 집착하지
않고 희망찬 삶 이어간다.

삶이 금은보석 화덕 불 속에서
다시 태어나듯,

모멸의 화덕에서 다시 새 삶
시작되는 햇병아리처럼.

꽃반지

꽃반지 손가락에 끼워준 소녀는
눈부시게 아름다웠는데

꽃반지 끼고 살포시 웃음 지으며
눈웃음 조용히 있을 땐
천사라 생각한 소녀는

못 잊어 심금을 울리는
아리따운 미모의 처녀
꽃반지 끼고 들길을 걸으며
행복해하는 모습은 더욱 아름다워

우리 사랑 천사도 부러워했을까?
풋풋한 아름다운 젊음
생각하면 할수록 행복을 느끼며.

청보리밭 추억

봄빛이 무릇 익어가는
고향 한들에 청보리 옛사랑 추억
가슴에 매어둔 그리움

먼발치에서 바라보기만 해도
가슴 뭉클하게 그녀와

저녁 무렵 고향 한들
청보리밭 사잇길을 걸어간
꿈같은 추억은

세월이 지나 지금도
내 가슴이 울렁이게 떨려
오순도순 못 했지만,

청보리밭 사잇길을 걸어간
추억만으로도 내 삶의 사랑

그녀 이름만 들어도 가슴 뛰는
아직도 내 가슴을 울렁이게
매력으로 남아있어 청순함 느낀다.

촛불

바람 불면 힘없이 꺼지는 촛불은
신의 이름으로 축성될 때는
세상을 이롭게 한다.

연약한 촛불이지만 수없이
모이면 혁명을 이룰 수 있고

바람 불면 자연 꺼진다던
무색하게 혁명 이루었다.

빛은 어둠에서 밝게 빛나고
빛은 세상을 가득 채워 준다.
빛은 사랑 희망이고,
절망 속 찾는 진리다.

간절한 희망 바라는 인간에게
빛으로 사용되는 진리다.
신의 뜻은 밝히기 위해선
촛불을 켜야 한다.

미소

꽃 미소 띠고 바라보면
향기 더 많이 날아온다.

부처님 미소처럼 느끼면
마음에 평화가 채워진다.

근심 걱정이 쌓인 마음
평화로워진다.

사랑 주고 있는 사랑하는
대상이 나를 미소 띠게 하고

멀리서 생각만 해도 만면에
미소를 띠게 한다.
미소는 사랑하고픈

마음이 가득 차오르면서
에너지로 채워 주는 생기다.

삶의 활력소가 되는....

연애편지

사춘기 가득해진
사랑하는 마음 견딜 수 없어

편지 밤새워 써서
책가방 속에 넣고 다녀
못 보낸 사랑 가득 담은 편지

교문 밖 논밭에
애띤 청보리 익어간다고

사춘기 사랑은 불장난이라 말한
선생님, 하늘의 뜻 모르고
살았을까 아쉬워했지만

세월이 지나도 그 꿀맛 사랑
가슴에 가득했어도

사랑하다 말 못 하고 그때나
세월 지나 지금도

사랑은 하늘의 뜻이기에.

고향 산천

오월에 고향 뻐꾹새 소리가
그리워지는 그리움이 가득
차오른다.

맑고 밝은 뻐꾹새 소리
고향 산천이 보고 싶어진다.

청아한 뻐꾹새 소리가 들리던
멀리 가까이 있는 산천 부푼
가슴 되새기는 옛 시절이
저절로 생각난다.

그때는 뻐꾹새 청아한 맑은 소리
앞산에서 울었지만
내 마음에서 그 소리 오월에 듣는다.

그리워지는 뻐꾹새 고향이
그리워져 가는 고향 사랑.

능소화

양반 꽃이라 부르는 능소화
아름답다.

담장에 뻗어 흐드러지게 피는
꽃 마음을 빼앗아 간다.

꽃이 피면 화사한 자태뿐만 아니라
열정을 뽐내는 그 아름다운 모습은
어느 곳이든 환영받는다.

담장을 길게 뻗어나가,
벽 높이 올라가 꽃을 피워도

양반가 전용물인 양반집 자라게
했다는 꽃이 피는 시기는 더
화사했을까 하며 물어본다.

집 앞 담벼락에 뻗어 화사하게 능소화가
새싹이 움트고 있어 무척 기대된다.
여왕의 왕관처럼 피어날 능소화.

인연

아득하고 상상할 수조차 없는
시간과 수의 총체가 겁(劫)

만남이 겁에서 시작인 인연
주어진 인연을 알고 만남이
우연(偶然)이지만, 마음을
나눔은 최선을 다한다.

어떤 것도 하늘의 뜻으로
시작되고 인연이 이어지는데
인연을 소홀히 하는 인연도
가슴 아파하지만, 하늘의
뜻으로 인연을 계속해야 한다.
최선을 다해.

낙엽송 새순잎 빛깔

해 뜨는 아침에 분주하게 숲속을
걸어가면서 새순잎에 비치는
햇살의 영롱함 보고

봄 빛깔의 아름다운 신비에 빠져들어
자연의 신비 느끼고 살아간다.

봄은 만물을 소생하기에 봄이 주는
자연의 신비 느끼고 봄이 주는
희망 삶에 절대적

삶에 생기를 넣어주는 희망은
봄에 더 애틋하게 느낄 수밖에

소생하는 봄빛 모두에게 희망
새로운 모습 애착 속에서
사랑하게 된다.

사람은 살고, 사랑하고, 죽는 게 전부지만
삶에 봄이 주는 생기는 꽃 속에서
아름답게 느끼며 사랑하고
희망을.

포토맥강 강가 벚꽃

20세기 초에 워싱턴시에 선물한
벚나무 포토맥강 양쪽에 심어
꽃피면 장관이었는데,

진주만 습격 후 격노한 워싱턴시
포토맥강 한쪽 베어버리고

강가 한쪽만 벚나무가 있어
봄이면 벚꽃 축제가 열린다.

벚꽃 원산지는 제주지만
일본은 벚나무 원산지 모르면서
자기들 나무라고 착각했다.

남의 문화 도용 사용하면서도
일본 문화라고 부끄러운 일들

벚꽃 상징한 가미카제 젊은이
죽음은 그렇게 해서 안타깝다.

벚꽃처럼 우수수 떨어져 젊은이들
그 어린 나이에.

무등산 산벚꽃

야산에 무성한 벚나무로
팔만대장경 만들어
문화유산 남아있어 자랑스럽다.

무등산 시민들 즐겨 찾아
피는 산벚꽃은 장관
산벚꽃은 피어나는데
꽃과 같이 봄 오기에
아름다워 찬란하다.

무등산 왕벚꽃 제주가
원산지 자부심
고향에 핀 왕벚꽃 나무
봄에 피어나지만

내 가슴에 왕벚꽃도 활짝
필 때가 오겠지 한다.

다시 활짝 필 내 가슴에
왕벚꽃을 기다리며
새 희망의 봄을 맞는다.

사랑하는 그녀

아직도 못 잊어 그녀 그리워
몸달아 뒤숭숭
파릇파릇 움트는 낙엽송
새순 빛깔처럼

곱게 곱게 햇살에 비취는 그
영롱한 빛이 가득해서이겠지

그녀 사랑하기 시작할 때는
어린 소녀 가슴에 깊은
사랑 가득해서

봄빛 화사하게 다시 찾아온다.
그녀 집 바라만 봐도 가슴 두근두근

무척 설레고 청순한 모습
아직도 가슴 가득한 내 사랑
그녀 앞에선 할 말을 잃어
붉어져 간 내 모습

그 사랑 고백하고 싶어도
사랑하는 마음이 봄 새싹처럼 돋아
화사한 꽃이길 바란다.
그녀 아직도 사랑하고픈 이쁜이.

요한 슈트라우스 동상

왈츠 작곡자 시내 한적한 공원에
금 동상 아름다워
시민들 좋아한다.

동상 옆에 사랑의 극치 표현
사랑이 무언가 알 수 있고

젊고 아름다운 연인의 모습
여유 있게 바이올린을 켜는
모습은 왈츠의 황태자
옆에서 보면 왈츠곡이 흐르는

왈츠 그의 곡이 신의 소리
선율이 아름답기에

들어도 들어도 새롭게 들리고
가슴에 사랑과 평화 채워 주는

푸른 도나우강물 카랑카랑 흐르고
춤추는 물결 사랑인 듯 설렌다.

비엔나의 봄 왈츠 곡도 어쩌면
우리 가슴에 희망, 사랑 주기 위해
힘들고 어려운 시기에…….

꽃이 필 무렵

꽃망울 맺고 꽃 피려고 기다리는
마음 조급하게 보고 싶어
가보면 아직도 꽃망울

꽃 피긴 필 것인데 마음
피기까지 애타게 기다리는
마음이 조급해진다.

꽃피면 웅크린 마음 활기차
반갑게 보고 싶은 그리운 임
맞이하는 귀한 손님 맞이하듯

마음에 희망, 사랑, 평화 채워진
봄이면 기대한다.

힘들고 어렵게 살아가는 모두에게.

봄이 오는 숲속에서

아침 햇살 가득한 봄빛 받으며
봄기운이 채워지는 숲속에 서면

낙엽송 새순에 비치는
아침 햇살이 영롱함
자연의 신비를 느끼는
순간 황홀해 짜릿하고

마음으로 자연을 느끼고
일치되는 시간이 사랑하면
자연이 더 아름답게
느낄 수 있을까 다짐하지만

사는 게 힘겹게 느낄 때가
너무 많아서 일상 아득하다.

봄기운은 숲속에서 에너지
느끼며

봄기운 햇살 마음으로 느끼는
사랑이겠지 한다.

앞뜰에 핀 수선화

봄이 오니 수선화가 필까,
수선화가 피니 봄이 올까?

뜰에 핀 수선화가 봄
예쁘고 희망 가득하길 바라며

인간은 자연 느끼며 사랑하는
삶이 행복하다.
자연 속에 삶 존재하기에

수수하게 핀 노란 수선화
한 송이로 자신을 스스로
알게 되면 그 의미는 수선화처럼

자신의 도취에서 벗어나 더욱
힘찬 살아가는 데 힘이 된다.

삶의 의미를 알려면 노란
수선화처럼 수수하게 피고
꽃들이 피어나는 봄이 오는
모습에 삶이 화려해진다.

예쁜 노란 수선화처럼

새 삶에 비춰는 마음의
뜻이길 희망하며.

매화 마을 홍매

내 사랑 홍매 눈부시기에,
화사한 내 사랑 붉게 타는
홍매 가슴 설레게 피는 사랑

먼발치 바라만 봐도 우린
뜨겁게 사랑 느끼고
중요한 것 볼 수 있는 게
아니고 느끼는 사랑이기에

서로 사랑에 빠져간 줄
모르고 사랑했다.

하늘의 뜻을 알게 하는 사랑의 의미
그녀 이름만 들어도 가슴이 설레고
활기차다.

그녀가 살던 마을을 지날 때도
흐뭇한 마음을 느꼈던 그 순간은
순수한 의미였을 뿐이다.

아직도 내 삶의 의미로 남아있어
마음이 홍겨워져 가는.

어머니 품 무등산

빛고을 민주의 성지에
어머니 품 무등산
보면 볼수록 포근한 어머니
아늑한 느낌으로 위로받고
삶을 이어가는

빛고을 민주의 성지 무등산
어머니의 사랑 느낀다.

어머니의 사랑을 느끼고
남도의 포근한 인심 묻어

사랑은 가슴속에 입술까지
나오는데 힘겨워할 수도 있지만

어머니의 사랑을 느끼는 무등산
자연스레 사랑 채워진다.

정겹고 뜨거운 가슴으로 사랑하는
마음으로 하루를 살더라도 인간은
사랑을 먹고 살아야 하기에.

빨간 사과 든 그녀

어느 날 빨간 사과 손에 든 그녀
예쁘게 잘 익은 사과보다 더 예뻐 천사로 착각

빨갛게 익은 탐스러운 과일 보며 말없이
내 가슴 두근거리고

꿀사과 맛보며 그 꿀맛 상큼한 꿀사과 맛

하늘의 뜻으로 한눈에 사랑 느낀 그녀가
사과 닮아

빨갛게 익어가는 세월 속절없이 애간장
태우며 살아도

잘 익은 사과 생기 돋는 마음, 아직도
젊음이 가득해서일까?

이렇듯 추억은 아름다워 생각하면 할수록
가슴 뛰게 하는 가슴 속

더 싱싱해져 가는 밤하늘에 빛나는 별처럼.

대전발 영시 오십 분

어디론가 떠나야 하는 급박한
상황 단봇짐으로 떠나야 하는

대전발 영시 오십 분 열차에
가느다란 몸 싣고 떠난 이들

전쟁미망인 많은 시절 그들의
암흑은 가슴에 희망 줄 그 누군가
애타게 목맬 때, 희망 찾고자
신앙생활은 가슴에 평화 느낄
오직 예수였는데

영혼 채워 사랑 주어야 할 목회자
야밤에 단봇짐 새 세상을 꿈꾸며
떠나야! 그 후로 서울은 만원이 되고,

야밤에 단봇짐 메고 힘겨운 세상
간단하게 사려고 떠났던 수많은
젊은 미망인들

아직도 꿈속에 꿈을 꾸며 살고 있을까?
허망한 인생이었을 것인데.

환향녀(還鄕女)

고향으로 돌아가는 여자데

명과 후금 나라가 위험할 때
실리 추구하자는 광해군 폐위
인조 왕이 되고

백성들 죽든 말든 남한산성 인조
삼전도 머리 땅에 세 번 조아리고

왕자와 아녀자 인질 갔고
병자호란 짱깨 힘없고 불쌍한
백성 만행은 세월 지나도 잔인

왕자와 같이 인질로 잡혀간 아녀자
세월 지나 고향 돌아올 때

양반 자녀들 돈 내고 고향에,
평민 아녀자 짱깨와 정 통했다고
압록강에서 처단

행실 나쁜 여자로 만든 고관
양반들 어디 있었는가? 묻고 있다.
세월 지나 양반행세 하는 모두에게.

학생(學生)

배우고 있는 젊은이 말한다.
그러나 사망 후 묘비 학생 쓴다.

공자가 삶도 다 모르는데,
죽음 언급 안 했기에 사후
공부하라고

학생 하면 어쩐지 친근감 들어도,
그 상태 벗어나고 싶어진다.

천당 극락 학생 신분에서
벗어나고 싶은 심정 영혼도
바라는 게 있다.

평화가 가득한 곳
가고 싶은 욕망으로….

가고 싶어도 갈 수 없어
부모 형제 기도 더 열심히
맑고 청아하게
아직도 못 가고 목이 빠지게
기다리기에

길

어쩌면 모두가 가야 하는
길이 있다. 사람이라면

빠르게 아니면 천천히 가다 보면
인연 되어 만날 수 있는 인연

어느 고속도로 써진 대로 반쯤 졸다
여기에 누워있는 사람도 있고

거북이처럼 기어가도 삶 행복했다
즐거웠다 사람 있을 게고

마음길 세상 길 둘 다 좁아도
하늘의 뜻 알고 안전할 건데

아는 길도 물으며 현명하게
쉽지는 않아 만물의 영장
남들도 마찬가지겠지

소고집으로 가고 있기에 누구든.

조강지처(糟糠之妻)

*Alles neues ist gut, aber alte
Frau ist besser als neue

새삼 말해서 느낌 없지 않지만
독일 속담 "새것은 다 좋다. 그러나
여자는 본부인이 더 좋다" 말하면
처지에 따라서 반응은 각양각색

우리에 만남이 처음부터 끝까지
질 좋은 만남이길 바라면서….

태어남과 부모에 만남, 성장하며
친구 만남 사랑의 만남이

만남도 업(業)에서 시작 피할 수 없는
그 운명 어떤 것도 하늘의 뜻,

마음으로 받아들이며 살아가야 한다.

물맛

세상에 변한다는 말만 변하지
않는다 생각했다 어릴 때

물질이 변하는 공부 해서 불순물이
들어가지 않으면 천년 만년 변하지
않는 물맛 같은 사랑 좋아했다.

성장하면서 사랑하고픈 사람이
변하지 않기를 바라며 살았지만,
어느새 자신이 변했다는 사실을.

예수를 배신한 유다,
시저를 배신한 브루투스도 충격

어떤 조직도 미꾸라지 행동하는
인간이 있지만 믿었던
사람이 배신은 독사다.

차라리 독사를 품에 안고
살아도 좋았을 만치….

화병(火病)

가족을 두고 독신 생활했는데
사랑하는 반려자, 어린애들
생각에 일과 후 눈앞에

어른거리는 가족이 어떻게
지낼까 생각하면 할수록

가슴 답답 불덩어리가 목까지
올라와 견딜 수가 없었다.

맛있는 마른오징어 저녁
식사 후 화병이 오기 전
오징어 씹어 먹으며

그 화병 근원이 된 외로움
탈피할 수 있어 편한 마음

3년이나 줄기차게 오징어 먹고
콜레스테롤이 높아져
건강 위험할 정도로.

속이 좋은 여자

가끔 여자는 안 보이는 곳이
예뻐야 말하면 듣고 있는 상대방
얼굴 붉으락 파르락

그러나 번뜩이는 지혜와
이해심 많은 여잔 미소 지으며
"그래요, 안 보이는 마음 예뻐야 해요"
맞장단

우리말에 여자 말할 때 속 좋아야!
"맞다" 마음 천사처럼 예뻐야!

아직도 여자 모르면서 내 반려자
"천사"라고 당당히 말한다.

자기 집사람 자랑 팔불출이라는
소릴 들을 줄 알면서...

하늘 맺어준 인연처럼 애착을
느끼고 평생을 살면서도

하늘의 뜻이고 음양오행에
말하면 아직도 속이 없어서일까?

인연(因緣)

사랑하지 않고는 배길 수 없는
정신적 자질을 리비도(Libido)라

제이 열역학 자연 발생적인
다시 환원되지 않아서일까?

꿈꾸던 아련한 사랑 가슴에
품고 견디며 살아온 세월에

가슴에 불덩어리 솟아오는
뜨거운 감정 미련 커가
사랑하는 마음이 가득 채워지면
할 말을 잊어버리듯

지난 세월 뜬구름 잡듯
세월이 새삼 뜨거워진다.

사랑 느끼며 사랑하는 대상이
무엇을 사랑하느냐 인연이

목숨 바쳐 사랑하고 싶은
그 무엇은 존재하기에 여운 갖는다.
생명이 다할 때까지.

제3부

눈물은

200. Wasserfall. Lithographie, 1961
(폭포)

노랑나비

호랑나비는 호랑가시나무
앉아 사랑을 꿈꾼다.

노랑나비는 유채꽃에서
사랑을 꿈꾸고
하늘의 뜻 사춘기는

검정 나비 무리 속에
노랑나비가 아름답게
보이는 찰나였다.

아름다운 노랑나비
두 손으로 잡고 싶었지만
세월 속 자유롭게 날았고

아직도 꿈같은 예쁜 노랑나비
하늘의 뜻 희망 속에 세월
흘러간다.

잡히지 않는 노랑나비는
훨훨 날아갔지만
신비스러운 모습 날고 있다.

아직도 새봄이 오면 날아오는
내 곁을 맴돌며.

봄비

동풍이 불고 천둥 번개
동반한 세찬 봄비 오면

새순 잎들이 춤추듯 살랑
봄비 맞고 싱그런 모습의

나뭇잎들 앞다투어 곱게 피어
자연 모습은 우리에게 생기
불어넣어 주는 희망 보며
어려움을 견디는
사람만이 새로운
삶의 뜻을 알고 역경에도
희망을 일구어낸다.

사랑과 희망에 가득 찬 사람
새 삶의 아름다움

삶이 주어지는 사랑 속에서
살아가야 하는.

어머님 보내 드리는 날

사뿐히 길 위에 눈 쌓인 먼 길
돌아가셔 보내야 하는 마음
아픔 요동쳤고

자연의 섭리로 여겼지만,
아무것 해준 사랑 없어
그지없이 안타까울 수밖에
떠나보내는 심정
말이 나오지 않았지만

두고두고 가슴이 뭉쳐 못다 한
자식의 몫이 아직도 너무 무겁다.
사랑 미흡했던 마음속 못내 힘들다.

세월 가고 있어 마음이 아프다.
언제나 내 곁을 지켜주시는
모습으로 남아있어 그립고

부르면 부를수록 내 가슴에
별이 되는 이름 새롭게 뜨겁게
사랑하고 싶다.

한신 장군과 김창용 장군

한신 한나라 유방에 장군,
김창용 특무대장 이승만의 장군

두 사람 사병에서 일약 장군 됐고,
한신은 애첩 여후 계략으로 죽었고

특무대장 김창용은 허태영 부하
원효로 사살
한신은 유방 도와 한나라 일등 공신,
김창용 방공 이름으로 엉뚱한
모사를 이승만 독재를 도우려고

한신은 병법 통달한 군인
김창용은 일본군 오장으로
독립군 체포 사살에 앞장선
친일 앞잡이 악랄한 개

자신이 모의하고 계략에 공들이지만
만민을 공이야, 한 독재자를 위한
공이냐 시간이 말해주듯.

제노비아 자매

그녀 모습은 온통 빛이었는데

봉사, 헌신하는 마음으로 몸소
실천해서 그녀 보면 가슴이
생기로 채워진 듯 뭉클했고

이처럼 아름다운 사랑 채운 자매
생각만 해도 가슴이 찡해 온다.

하느님 사랑 가득 채워 새로 태어날
부제품 받은 아들 곁에서 환하게
웃고 기뻐하는 모습은

가브리엘 천사가 내려와 축복해
주는 공동체 자랑인 제노비아 자매

사랑 결실이 은총으로 올 것이라
어렴풋이 짐작했어도 은총이 오고
나서 기뻐하는 마음

앞서가는 장래에 밝게 다가오는
희망을 가득 채워
하느님께 바칠 진실한 사랑
커가고 있어 희망이다.

위대한 사랑

만남은 어머니로부터다
사랑의 시작도 어머니부터다

서로를 향해가는 인격적인
만남이어야 한다.
모성애는 하늘의 뜻이고 천륜이다.

예수의 처절한 죽음을 형상화하는
피에타는 어머니 슬픔

알고자 하면 할수록 어렵고 힘든
어머니 사랑이다. 그 사랑을
느끼고 살아가지만

하늘의 뜻이고 하늘로부터 오는
사랑이기에 힘차고, 포근하고
세상을 느끼는 사랑이다.
살아가면서 느끼는 에너지다.

힘들고 지칠 때 모든 근심 걱정을
녹여주는 어머니의 포근한 사랑뿐이다.
어머니가 있었기에 내 가슴도
어머니 닮아가고 다시 돌아가야 할

대지도 어머니다.
영원한 사랑인.

삶을 지탱해주는 정신

대형 식품점 앞에서 신문
판매하고 있는 터번을 쓴
인도 청년에게
터번 벗으라 하니 차라리
목을 자르라 한다.

섬뜩한 생각 속에서 나를
생각해봤다 목숨보다 더 귀하게
여기며 살아가는 게 있다.

보편적인 생각이지만
"사랑"이다 모두가 최선을
다하지만 인간으로 더욱 알차게
사랑하는 것이다.
모든 생명을.

눈물은 1

사랑하는 임 보내고
뒷모습 안 보여 눈물,
비같이 흐르고

눈물은 포구에서 임
떠나보내는 마음속에 흐르고

눈물은 보고픈 사랑하는 임
그리워 흘리고
눈물은 기뻐 정신없이 흘리고

눈물은 애간장 녹이는
아픔에도 흘리지만
사랑하는 임 그리워
흘리는 내 눈물 봄비로 내려

사랑 적셔 움트는 새싹 돋아
봄비에 젖은 움터 오는 순수한
우리 사랑

그대 위해 흘릴 내 눈물
가슴속에 흐르고.

눈물은 2

그리운 임 보고 싶어
쏟아진 눈물은
가랑가랑 강물에 휩싸여
멀리 사라져 보고픈
그리운 임에게 달려가도

마음속에 쏟아진 눈물 강물에
흘려보내지 못해선지
마음속에 치밀어 오는 아픔은
주체 못해 넋을 잃어 가도록

강가에 앉아 흐르는 강물 보고
그리워해 본다.
눈망울에 나타나 미소 짓는
보고픈 임은

세월 가도 예쁘고 아름답다
느끼기에 우리 사랑 생기 넘쳐

생각만 해도 덩달아 아름다워져
가는 첫사랑 뜨거워져 가고
이처럼 뜨거운 사랑 느끼며
강가에서 눈물 쏟아 흐르고.

눈물은 3

자식 잃어버린 어미 가슴에 흐르고
눈물은 지아비 잃은 새색시 눈에서 흐른다

눈물은 처자식 생이별 사내 눈에서 흐르고
눈물은 희망 잃어버린 민초들 눈에서 흐르기에

삶은 사랑과 생기로 채워져야 하는데
권력에 취한 혹독한 폭정에 힘겨워
눈물 흘리는 서민들 가슴에서 쏟아져

고통 속에서 살아가는 민초들
흐느끼면 눈물 흘린다.

무한 사랑

동풍 불면 곧 비 온다,
여름 남풍엔 세찬 장마 온다.

아침 북새 이삼일 새 비가 온다,
저녁 붉은 노을엔 날씨 가물겠다.

달무리에는 가뭄 오래 계속된다.
지루한 장마에 서풍은 곧 날씨가
맑아진다고 하시던

밤샘하며 내가 읽은 박종화 삼국지
제갈량 말씀하신

팔 남매 건강하게 키우시고
아프지 말고 커라 하시던 말씀,

자식 낳아 키우면서 같은 말
내가 했으니 가정 교육이
얼마나 귀한가를

농사일하실 땐 새벽 네 시
교회 종소리에
새벽 별 보시고, 밭일 가셔,

별 보시고 오셨던

자식 교육엔 철저하게 한자라도 더
공부하라 하셨고 천석 부자

둘째 딸 검소한 생활 모범
칭찬이 자자한 어머니

이제껏 받은 어머니 사랑
보답 못 하고 살아가는
답답함은 가슴을 메이게 한다.

사랑이 지극하셔 논어에 사랑 의미
충서(忠恕)를 호(號)로
지어드리려고 가슴에 새기며
살아왔다.

할미꽃

봄바람 피어난 할미꽃
얼굴에 미소 가득해진다.

산, 언덕 양지에 피어난 모습
할미꽃 자주색 양탄자 곱게
새색시 아름답고 예쁘다.

꽃 필 때부터 허리 숙여
자신 낮추려는 모습
어떤 의미일까 생각해보지만,
속 좁은 마음으로 알 수 없고

봄바람 피어난 할미꽃 진심
속마음 배워야 하는데

봄 오면 생각해보지만 또다시
계절 오기 전 왠지 신경 쓰인다.

비엔나 할머니들

어린 아들 녀석과 산책 중
공원 의자에 앉아

누군가 기다리는 듯한 할머니들 모습,
이렇게 추운데 밖에 왜 나왔느냐 물으면,
사방 벽이 죽이려 한다는 할머니들

담소하면 환한 미소 띠었고,
차라리 요양원에 가시라면
버럭 화를 냈는데, 그때는
이해 못 해서 머리만 갸우뚱

세월이 지나 겪어보니 노인들
외로움과 슬픔이 얼마나 힘든지

젊어서 몰랐던 잔인함,
세월이 가는 것도 서러워
모두가 힘든데 세상이
어수선하여 가슴 아프다.

고향 그리워함도 버거운데.

유대인 비엔나 할머니

예쁘고 아름답다고 듣던 젊을 때,
군수공장 전쟁 준비했다는
할머니들 공원 벤치에 얘기하면
아쉬움 많았다.

전선에서 전사한 자식 얘기,
젊은 아가씨로 인기 있었다는 둥.

어린 아들 녀석과 이런저런
얘기 중 아직도 학업 중이라면
비엔나 할머니들 이구동성으로
돈 벌어야 한다고.

그런데 어느 할머니는 아니다,
머릿속에 든 것은 아무도 뺏어 갈 수 없으니
공부 많이 하라

그 할머니 유대인 할머니
탈무드 읽어 지혜로 살기란 항상
헷갈렸는데

그 지혜 듣는 순간 알게 됐다.
힘들고 어려워도 학업 끝내야

그런 지혜, 가정에서 배워 어려운
세상살이 지혜로 풀어야 하는데

베토벤 교향곡 5번 운명

베토벤이 작곡한 교향곡
운명 5번을 듣는 순간

가슴에 들리는 알 수 없는
그 무엇이 강렬하고
처절한 신의 절규

베토벤이 108번 이사
월세 방값을 지급해야 할 조바심
집 주인 문 두드리는

현대인 운명의 시간으로
듣기에 가슴 죄며
살아가는지 하는 마음
나 자신은 알고 있겠지!

세월이 지나도 교향곡 들어도
안개 속 오리무중 내 마음

비발디 사계

60년대 시골에서 중학생
한여름 저녁 식사 후 앞산에서
새 소리 은은하게 솔짝솔짝

평상에 앉아 귀한 트랜지스터
라디오 퀴즈 열차 프로 진행자

다음 곡을 듣고 무슨 계절 물으니
곧바로 스톱과 동시에 정답

세상에 음악 속에 계절이!
감탄했고 시골에서 성장했기에

그 아름답게 표현한 비발디의
"사계" 세월 지나 선율에 심취

신의 소리처럼 듣기에 에너지 채워 준다.
생활 힘들 때마다
아직도.

가을

가을은 나를 은빛으로
새겨주는 시간이기에
나도 곱고 아름답게 물들어
누군가 바라보면서 황홀한
생각에 젖을 때,

붉게 물든 자연처럼
빛나는 사람이 되었을까?
업을 저지르며 살아온 순간이

뇌를 스쳐 가는 따끈함은
무슨 업보로 올까 물으며
삶을 이어가는 가을 단풍잎처럼
영글어 버리며
떠나갈 자신을 느낀
황금빛으로 물들어
밤하늘에 빛나는 별처럼….

제4부

추억

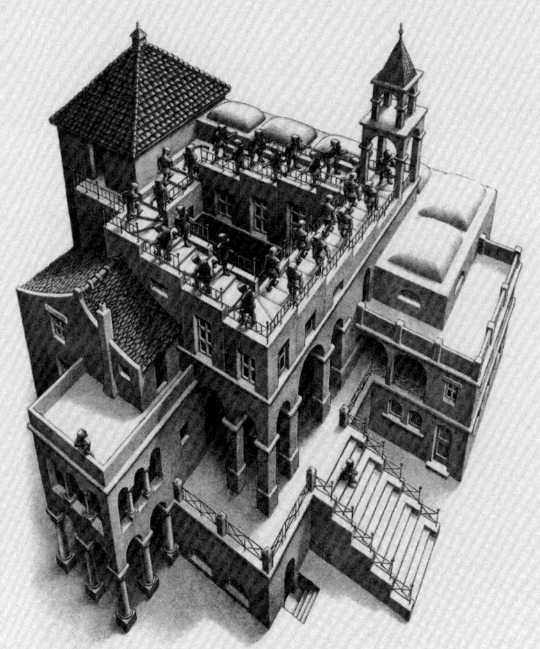

202. Treppauf und Treppab, Lithographie, 1960
(계단)

꽃피는 고향 마을

꽃피는 마을 매화, 산수유 만발
꽃구경 상춘객 멀리서 가까이서
화려하여

젊은 남녀 상춘객 마음 뒤숭숭
꽃구경 마음에 꽃 구경

화사하게 꽃피는 계절 오려고
꽃 피는 봄은 소리 없이 오지만
꽃피는 애절한 느낌

꽃은 가까이서, 멀리서 보면
화려하고 조화롭게 보이기에

우리 마음에 피는 꽃도 멀리서
마음 두근대는 설렘일까?

삶도 꽃처럼 피고 지고 화려한
꽃처럼 아름답지만, 세월 속에 지고 마는

삶의 의미를 알기도 전에
꽃잎 져간다. 허망하게.

오월은 꽃만 피지 않는다

산천이 신록으로 싱싱해져
만물 싱그러울 때 오월에 피는
아름다운 꽃 희망이지만
오월 꽃만 피지 않는다.

아직도 오월의 잔인한 함성 들려오고
죽어야만 했던 젊은 넋들이
나비 되어 훨훨 날아온다.

망월동 가로수에 이팝나무꽃
피어나지만 오월은 이팝나무
꽃만 피어나는 게 아니다.

어머니 넉넉한 품 무등산
안기지 못한 넋들 헤매고
오월은 꽃만 피지 않는다.

보리수 향수(Lindenbaum)

프레지어 향기 닮은 은은한
보리수 향기 창 넘어오는
초저녁

내 마음 닮은 그윽한 보리수
향기 그녀에게

내 가슴 속에 살아 숨 쉬는
그녀를 위해서 보리수 향기가
말 못한 그녀에게 전하는
바람이 불어오길 고대하고

그곳에 갈 수 없을 때 내 마음
전하는 보리수 향이 있어.

망향으로 힘든 시간에 내 마음
보리수 향기로 가득 채워진다.

그리운 그녀가 있어.

하늘의 뜻

사랑하는 대상이 그리워지면
먼 곳에 향기가 날아오는
삶에 생기를 넣어준다.

꽃을 보는 순간 사랑하는 대상 생각하면
그 대상으로 보인다.

눈앞 어른거리는 그 사랑이
가득해진 모습으로

그 모습이 아름답게 보이면
볼일수록 꽃도 향기 가득해져
에너지 채워 주며 사랑 희망
불어넣어 준다.

사랑하면 할수록 향기 가득한
에너지 하늘의 뜻으로….

사랑

한 알의 씨가 완성되면 스스로 떨어진다.
태양 아래 자연 발생적인 생물은 다시
환원되지 않기에 우리는 회귀 되지 않는
길을 가고

한평생 내 속에 같이한 영혼은 다시
살아날까 하며 물어본다.

짙어가는 산천초목 녹음 물들어
떨어져 가는 모습 보며
이런 모습인가 하며...

누군가를 사랑하면 그를 위해
주지 않고는 배길 수 없다.

다시 환원되는 것은 완성된
씨가 떨어져야 하듯 환원되기
위해선 떨어져야!
자연의 순환 사랑을 가득 담아.

장미꽃 향기

꽃 중의 꽃 장미 향기는
너무 매력적이다.

우리 곁에 곱고 향기로운
장미꽃이 피어 놀라운
생명의 신비인가.

장미 가시가 많듯
장미꽃 향기 같은 민주주의를
이루기 위해 가시밭길

우린 장미꽃 향기 같은
민주주의를 실현하기 위해
고통과 억압 속에서도

세계민주 국가를 이루기 위한
국민이 열광하듯 아직도 투쟁이

민주주의 성지 광주에서 시작된
민주 투쟁이 모범이 되어

장미꽃 향기로 피어날 민주주의.

마음의 아픔

사랑하는 사람이 떠나갈 때
마음이 아프면 아플수록 그
대상에 대한 사랑이 비례한다.

얼마나 사랑 주었는가?
하늘의 뜻으로 사랑하는
사랑이다.

인연은 오묘해서 살아가면서
특별한 인연이 찾아온다.
하늘의 뜻으로

마음이 아프면 아플수록 애절한
마음이 더해간다.

숨 쉬고 살아가는 그 순간까지
주지 않고는 배길 수 없을

오월이 오면

산천이 녹음으로 물드는
오월이 오면
옛 도청 분수대,
금남로가 피에 물들어가는

그 모습, 후배 윤상원이
시민군의 대변자로 활동하는,
계림동 쪽에서 처절한 절규로
시민에게 알리는 그 목소리

전대 이학부 옥상에서 바로 밑
운동장 쪽으로 총을 발사하는

금남로 505부대 앞에서
옛 도청 분수대 군중들 향해 총 난사하는
그들은 군인이었고

무등산은 알고 있고 나도 보았다.
비록 외국 방송을 통해서

오월은 민주에 성지가 되는 광주가
내겐 자부심이고 살면서 뿌듯한
마음이 이팝꽃 가득하게 피어나듯 영원히.

꽃샘추위

꽃 피려는 길목에 꽃샘추위가 온다.
예쁜 꽃 시샘하려는 자연의 섭리를
알 듯 모르듯

꽃샘추위 어쩌지 못한다.
인간적인 모습이지만 우린 만물의
영장 인격 갖추어야!

주위 사람 사랑할 줄 알아야 한다.
쉽고 어려운 게 사랑이고 자비다.

사랑 베풀라고, 자비 보시하라
한번 두번 했다 끝나는 게 아니기에
사랑, 자비 베풀면 하늘 알고 있다.

사랑이 가슴에 남아 선한 마음
가을 황금 들녘처럼 자연의
황금빛 인격.

바위에 핀 꽃 한 송이

수인산 올라가는 절벽 바위에
핀 꽃 아름답게 보인 적이
한두 번이 아니었다.

꺾어주고 싶은 마음 물끄러미
쳐다보며 망설일 때가

절벽에 아름답게 핀 꽃,
절벽을 올라가 꺾고 싶은
간절한 욕심 갈 때마다
서성이며 바라볼 때가
한두 번이 아니었다.

세월이 지난 그 마음은
변하지 않아선지 꽃보다
마음 주고 싶은 가득할 뿐이다.

세월이 흘러도.

꽃망울의 꿈

찬서리 내리고 움트는 꽃망울
볼 때부터 희망찬 봄 기다린다.

새봄 오면 희망 채워진 새 삶을
바라는 마음으로
사람들은 고통 속에서도 희망을 꿈꾸며 견딘다.
아름답게 피어나려는 움튼 꽃망울처럼

꽃이 피려는 모습 아름답듯
우리에게 희망을 주는 그 무엇은 설렘이다.

꽃망울도 인간처럼 꿈을 먹고
살아가는 생물

영원히 꿈을 주면서 추위를
견디고 꽃으로 피어나는 강인한
사랑을 보여주려고
우리처럼.

용두(龍頭) 가는 길

월출산 고찰 월남사 계곡
흐르는 물 금강천 하얀
모래사장 청구를 지나면
짜릿한 추억 용두마을 앞

첫사랑 고백하고픈 그녀 만나
말없이 걸어서 마을 앞 용두 다리

사랑 싣고 탐진강 지나
해창까지 흐르는 물 보며
그녀 에너지에 취해 말이
나오질 않았어도

깊은 감정 살포시 그녀
손잡아 보는 짜릿함

가득 채워진 마음 한마디
못 하고 그녀 닮은 둥근
보름달 보며 취해 멍해진

그 순간은 눈시울이 뜨거워지는
모습이 전부였다. 아득한 세월
그 뜨거움은 내 가슴에 아직도 짜릿하다.
생각하면 할수록.

산수유 피는 마을

들꽃도 예쁜데 봄 알리는 황금빛
산수유 마을엔 황금빛

이렇게 황홀할 수가 먼 곳에서
바라보기만 해도 짜릿한데

봄은 황금빛 산수유 마음을
들뜨게 하는 바람이다.

황금빛처럼 빛나 기쁨 주었을까
찡해 오는 섬뜩해진다.

인간적인 사랑 하면 할수록
숙연해져 가슴 뭉클해진다.

봄바람 타고 피어난 산수유
황금빛 인간이길 바라며 삶을
이어가야겠다
하루라도.

예쁜 정님이 누나

길목에 만나는 정님이 누나,
집 앞에서 누군가 기다리는
눈초리로 서성이었고
엄마가 누나 남겨두고 시집갔다는

어릴 때 옆집 곱다란 아줌마
집 앞 기다린 눈초리로 서성였는데
소박맞은 아주머니 지아비 기다렸다

성장한 아들 돈벌이 하니
엄마 모시고 서울로 가고

제크린 여사 재혼하는 쌍욕
똑똑한 강중석 상사에
당연하다 말하니

"찬중아! 네 엄마가 재혼해도
그렇게 말하겠느냐?" 핀잔에

생이별 이렇듯 가슴 아픈 일인 줄
철들어 알았다.

어린 새끼도 엄마 애타게
기다릴 것인데 하물며 사람이!

동기감응(同氣感應)

사랑하는 그녀 온천탕 가는 시간 덩달아
내 몸 후끈 달아올라 짜릿하고 뜨거워져 오고

그녀 나신 엷눈으로 본 모양 얼굴 빨갛게
달아올라 숨 몰아쉬어 숨소리 거칠어져

아직도 살아 숨 쉬는 뜨거운 감정 그녀
사랑하는 까닭에 나도 모르게 품에 안아 보고픈
순진한 강렬한 느낌은

그녀 온천탕 들어가는 시간
원초적 감정 솟구쳐 온다
어쩌면 이렇게 깊은 인연 있을까 하며

나도 모르게 사랑한다고 외친다
물맛 같은 내 사랑이기에.

동백꽃

눈 속에 피어나는 동백 새아기씨
연지 곤지 치장 새색시 보기 민망하여
다가가 보면 방긋 웃는 모습

봄 오기 전에 피어난 해변가
동백 짙은 하늘색 바다와 잘
어우러져, 귀엽기에 넋을 잃고

산속 동백은 봄 오면 피어나
꿀 찾는 벌과 나비 웅성거리고

옛 여인 멋 부리고 나들이 모습
동백꽃보다 예쁘게 보이려고
보면 볼수록 아름답게

예쁜 모습에 반하여 사랑
고백할 젊은이 많았겠지,

젊음이 좋아서 상상만 해도
가슴이 두근두근.

풍성한 가을 사랑

가을만큼 넉넉한 마음
사랑할 수 있다면,

오곡이 영글어 황금 들녘
황금빛으로 사랑해 줄 수 있다면,
가을을 더욱 풍성하게 느끼겠지!

사랑만 알고 살아가는
내 삶 아름답게 사랑 느끼면서

인격이 완성되면 인간도
황금빛 띨 그 모습 찬란하여
자연 닮아가고 꿈속만 있는
게 아니다.

눈 덮인 대지

하얀 눈 덮인 대지에 간직해둔
따스함 느끼면 사랑하는 어머니,
사랑을 느끼는 영혼,

살아 숨 쉬며 뜨겁게 가슴
어루만지기도 하는
봄이 오는 자연의 숨결 들리고
돋아나는 새순이 햇살에 빛나는 신비도

힘차게 흐르는 수액의 신비는
뚜렷하게 들린다. 세월 가면 갈수록

가슴 뛰게 하는 한평생 사랑하는
예쁜 그녀 수줍어 앳된 모습

봄이 올 땐 그 모습 한층 정겹게
단장한 새색시다,
가슴 흐르는 사랑으로.

몽돌

사랑 알기 전 억겁을 지나며
사랑 위해 파도에 씻겨 첫사랑
반질반질

보면 볼수록 내 마음 바라는
생각으로 빠져들어 가고

저렇게 둥근 사랑 할 사람 있을까 하며
아무도 모르게 아직도 진실한 사랑
위해 마음 닦는 중이라고

억겁을 지나 사랑을 위해 다시
태어나 사랑 알기까지도

그 인연이 어떤 것인지 알지 못하고
살아가는 삶 속에서 고민만 깊어간다.

사랑하는 마음 가득하면 말 못 하지만,
어디서 왔는지 모르게 행운이 찾아 준다.
하늘의 뜻으로.

탐라국 방언

말도 시대에 따라 변하고
미국영어는 250년 전 영국에서
사용했던 말

현대는 옥스퍼드 영어라고
영국사람들 사용한

제주 방언은 고려 시대에 사용했던
조선 시대 팔도에서 사용한
우리말이 다듬어져 우리가
사용하고 있고

제주는 섬이라 육지와 교류가 적어
말이 변하지 않아
제주 방언으로 남아있다.

감수 광 감수 광 혼자 옵서예 하면서.

삼다도 제주 해녀

학교에서 배울 때 제주는 삼다도
돌, 바람, 해녀 많다고

우리나라에서 두 번째 높다는
한라산보다 푸른 바다의 꽃
해녀를 상상하며 제주 연상했는데

두둔 세력 서북 청년단 미명하에
4.3 사건 전후로 수많은 제주
청년 억울하게 죽임당해 아마

제주 해녀들이 살아남기 위해
바다로 간 것은 아닐까 짐작해본다.

하멜 일행이 해남, 영암, 정읍 거쳐
한양으로 간 후 우여곡절 끝에
고향 병영성에서 7년간 거주했던

하멜 후손 중 휴전 정전 협정 때
인민군 대표 남일 장군 어릴 때

할아버지 손 잡고 만주로 떠났다는데
미국 인명사전엔 전남 강진으로 표기.

붉은 악마

중학교 배운 역사에 단군 할아버지는
신화(神話), 반도 사관 때문에

일본은 자기 역사보다 긴 오천 년
역사 왜곡 위해 단군 신화로

왜치(Oti)* 발견된 어름 속 사냥꾼
오천삼백 년 전 건장한 사냥꾼 꽃미남

배달국 치유 황제 청동기 시대 전투 때
얼굴을 동(銅)으로 쌓아서 백전백승
붉은 악마로 칭했다.

우리 역사 반도 사관으로 알량한
반도 사관 역사학자들

오천 년 전에 동이족(東夷族)
활 잘 쏘는 역사 알았다고 말하곤

단군 할아버지 신화로 인식한 몰상식한
사람들이 많아서 온 나라가 골치 떤다.
사찰 대웅전도 단군 환웅에서 유래했는데도.

*오스트리아 이태리 알프스 국경.

추억

시골에서 성장 꼴망 메고 꼴 베러
널따란 한들 벼가 노릇노릇 익어
황금빛

메뚜기 떼 노는 벼 사이
파닥파닥 뛰는 메뚜기 잡아
한 두름 꿰매 차고

해 질 무렵 꼴 메고 집에 와서
메뚜길 솥에 넣고 구워 먹는 맛은
세월 지나 아직도 향수다.

익어가는 벼는 고개 더 숙인다고,
들었던 속담도 생각했지만

사람도 나이 들어 인격과 인품
노릇노릇 익으면 황금빛

그 마음이 완성되지 않고
안타깝게 시간만 흐르고 있다.
아직도.

고향 한 골목

설성(雪城) 마을 고향 한 골목 있다.
골목 초입에 들어서면 사람들
세월 따라 애증을 느낄 얘기들 하나,
둘 삭이게 되고 골목 따라 가면
내가 태어나고 자란 고향 집이 있고,

샛별 보시고 밭일 갔다, 별이 뜨는
밤에 집에 오신 자식 사랑에 온 마음,
온몸 쏟은 어머니가 사셨던 행복
가득한 생가도

한 골목 천년 수령의 은행나무 옆
하멜 일행이 7년간 거주한 공간도
그 옆에 백 년이 훨씬 넘은 교회도 있다.

세브란스 병원 대지를 매입 희사했다는
거부 동은(東隱) 선생 명당도 가까이 있고

끝까지 거슬러 올라가면 한국 전쟁에
피아가 희생 많은 동막골도 있고

한밤중에 국군 전투하기 위해
행군하는 군홧발 소리 들었던.

그날

신록이 짙어 아름다운
무등산 눈물 흘리던 그날
조국의 민주를 위해 젊은이들
죽음으로 가야 했던 그날

아직도 오지 않는 조국 민주
확실하게 오는 그날
나라가 독재로 가는 듯하여
불의를 못 참고 민중
함성이 터질 그날
머지않아 초조한 마음
기다리는 그날

하늘의 뜻으로 밝고 맑은
세상이 올 그날
하루가 여삼추로 그날
기다리며 초조해 한다.

세월 흘러 산수연(傘壽宴)
간절해지는 서민들 마음에
사랑, 평화 채워져 덩실덩실
춤출 그날 기다리는

곧장 왔으면 하는 조바심으로
기다리는 그날.

조문도 석사가의(朝聞道 夕死可矣)

태어나 부모와 만남이 우연이든 필연이든
고등학교를 도시로 유학
부모님과 떨어져 생활했는데

어머님 너무 보고 싶어서 많이
울었는데 그날이

"나비처럼 날아가서 벌처럼 쏜다"는
권투선수 무하마드 알리
상대를 단숨에 KO 시킨 그 시간

그 후 엄하신 아버님이 오셔
"조문도 석사가의" 설명.

논어 읽고 읽어 그 도(道)가 진리라고 알았고
그 도를 찾으려고 몸과 마음 아직도

논어 속에 충서(忠恕) 어머니 호(號)로
드리고 싶었으나, 같은 의미 아들에 충로(忠路)로

물으면 광주 충장로 "장"자 뺐다고
우스갯소리로 말하고….

제5부

고향 가는 길

226. Mobiusband II, Holzstich, 1963
(뫼비스 띠)

고향 가는 길

고향은 남쪽에 있어
봄에 진달래 예쁘게 피어나고

양반 죄지으면 대신 상민이
곤장 맞고 엽전 받던 돈[錢]반재

옴마니 반마니 하며 해탈했다는
고려 시대 불교 성지 옴천 지나

이방원 똘마니 마천목 장군이 축성
설성(雪城)이 있는 마을

오백 년 동안 왜놈들 침략 지키는데
든든했고 임진, 정유재란, 명량(鳴梁)
전투 때 이순신 장군 도움 준 병사들
정예병으로 훈련한

병마절도사가 주둔했던 고향은
내 가슴에 숨 쉬는 꿈이고 사랑

수인산성 위 백제군과 전투
당(唐)나라 군 주둔했던 당쟁이.

둥근 달

보름에 뜨는 둥근 달
내 소원 들어줄 어머니 마음
한없이 쳐다봐도 내 가슴에
채워 주는 사랑

둥근 달이 이렇게 내 삶을
아름답게 하는 어머니 사랑인
줄 이제야 느낀다.

둥근 달을 쳐다보며 가슴에
스며드는 어머니 은은한 사랑

그런 사랑이 은혜, 은총이었다고
이제야 느낀다.

어머니만이 줄 수 있는 그 물맛
사랑 천년이고 만년이고
변하지 않는 사랑.

그리움

가고 싶은 고향을 사랑하는 사람들
그리워하는 사랑은 아픔이다.

영혼에서 울리는 처절한 아픔이다.
이런 아픔을 감당해야 하는 마음
사랑하는 마음을 그리는 그리움이
사랑이다.

보고 싶어 아름답게 핀 향기 가득한
꽃이 아니라 가슴의 그리움으로
싹터오는 영혼을 울리는 그리움

꽃향기처럼 가슴에 핀 그리운 대상을
그리워하는 사랑이

커가면 갈수록 그리움이 가슴을
아프게 뜨겁게 한다.

견딜 수 없을 그리운 사랑에.

소쩍새

초여름 고향 앞산에 울어대는
소쩍새 소리
그리운 임 보고픈 애절한 심정으로

초저녁부터 새벽녘까지 덩달아
뒤척이며 그리운 임 보고 싶은
애절한 심정

소쩍새는 알고 있을까?
고향 떠나 울어대는 소리에
고향이 그리워가는 일상

사랑하는 첫사랑 보고픈
심정에서 애절한 마음으로
울어대는 소쩍새 소리

들리는 듯 보고픈 사랑하는
그 임 애절한 마음.

회자정리, 거자필반 (會者定離, 去者必返)

살아가면서 체험하는 인생사
막상 떠나야 한다면,

그 사랑의 강도에 따라 마음의
아픔도 비례한다.

베란다에 쥐바기 새가 집을 짓고,
5개 알을 낳고, 21일간 엄마 새가
품고 난 후 부화하여

2주 정도 정성스러운 어미 새
보살펴 마지막 새도 날아가
허전 가슴 메웠다.

만남은 겁(劫)에 의한 인연 또다시
만남이 이어지는 그 날을 고대한다.

그 허전함으로 마냥 섭섭해하며.

오월은 사랑의 시간

녹음이 짙어가는 계절이고
계절의 여왕답게 산천은
생기 돋는 아름다움 가득하다.

계절에 느끼는 감사, 사랑해야 할
더욱 깊게 사랑하게 된다.

사랑하고픈 하나하나 뚜렷이
내 삶에 의미 더해주면서
내 삶도 더욱 알뜰해진다.

오월은 잊혀간 사랑 하느님의
시간 애잔한 마음으로
사랑할 수 있는 생기 돋아
삶에 생기 주었던 사랑

간절한 사랑은 오월에 더
애절한 사랑을 느끼게
짙어가는 녹음이 있기에.

햇살 그리운 봄

봄빛 햇살은 고향 빛 햇살
뜨겁게 타오는 내 마음

계절 따라 색다른 봄 햇살은
만물을 소생하여
꽃 피게 하고 꽃피면 덩달아
소생하길 바라며 살아가는

처녀 가슴 설레게 하는
따스한 미소

언젠가 그런 미소 띠는
소생하는 봄이 다시 찾아오면
반갑게 사랑해야지 하며
살아간다.

황금빛 노란 민들레

봄이면 피어나는 황금빛 노란 민들레
들녘에 가득 차 눈부시게 아름다운
혼자 보기에 아까워 카톡 보내고

흐뭇해하는 뜨거운 마음
내 사랑도 이렇게 뜨거운데

황금빛 민들레, 황금빛 인격이길
세상의 희망 간절한 소망
살면 살수록 힘들게 느끼는
세상살이

사랑하면 가벼워지는 미소 띠는
내 사랑 그대에게 황금빛
노란 민들레.

사랑 하늘의 뜻으로

사랑을 쉽게 말하지만,
사랑 자체는 전연 다르다.
하늘의 뜻으로 아는 때가
사랑 시작하는 시간이고

둥근 달처럼 가슴에 부푼 사랑이
가슴에 가득해도 사랑한다는 말은

사랑 대상 앞에선, 꿀 먹은 벙어리
대상을 보기만 해도 뜨거워지는
두근대는 가슴은 먼발치에도.

사랑한다고 말하면 그 사랑은
순수한 사랑 범위를 넘어선
사랑이다.

진실한 사랑은 그 말 자체가
말로 표현되기 전 가슴에 두근대며
뜨거워져 오는 내 모습이다.

불순물이 들어가지 않으면
천년 만년 변하지 않는
물맛 같은 사랑이다.

라일락 향기

봄에 핀 꽃에 향기 없는
꽃이 없지만.
꽃피는 라일락 향기는
내 가슴속으로 스며드는 향기로
흠뻑 빠져들어 간다.

향기에 취해 얼빠진 내 모습
그 향기 가득한 사랑하는
그녀라고 여기기에 마음속으로

라일락 향기는 때가 되면
향기를 피지만,

내 향기는 아득한 옛일로
새삼스러워 아쉽지만
인간으로 라일락 향기

가득해져 모두에게 향기 가득한
속마음 간절하다.
향기로 피어나는 모습으로.

사랑하는 이쁜이

그녀가 눈앞 어른거릴 때
내 심장 피가 멈추었다 했어도
듣는 둥 마는 둥

두근대는 모습 말없이 돌아오곤
어쩌지 못한 그 순간들

고백하고 싶어도 말없이 뒤돌아
힘없이 다시 오는 내 모습
그녀 눈엔 가상하게 보였을까?

아직도 늦지 않았다 생각하지만,
세월이 지나서 못다 한 내 사랑
불타는 내 가슴 다시 사랑하고픈
이쁜이

봄이 오면 희망 속에서
때가 되면 그 진한 사랑
안달이겠지 한다.

물맛 같은 내 사랑 불순물이
들어가지 않으면 천년, 만년
변하지 않는 물맛 내 사랑

깊은 산속 옹달샘 물맛
넌 사랑할 내 사랑 이쁜이.

모란 향기

오월이면 향기로 가득한 모란 피고,
뒤뜰에 피는 모란이 향기 취해
나 자신을 잃고 서성일 때

그 향에 많은 꽃 예쁜 여자로
느낄 때는 연인의 향기가
내 가슴에 품고부터
화사한 꽃을 예쁜 꽃으로

꽃이 피어 향기 가득할 때 아닐까
내 가슴에 꽃 보다

향기 많은 연인이 내 가슴에
들어왔을 때, 하늘의 뜻으로.

고향 당(唐)쟁이 봄바람

고향 요새 있어 백제군 진을 치고,
당(唐)나라군 주둔했던 당쟁이

수인산 지척에 두고

봄이 오는 길목에 밭일 하신
어머님이 새롭다.

바람이 아직은 찬 바람
훈풍이 불면 봄비가

찬 바람 맞고 김매시는
어머님 내 가슴에 남아 그
모습이 아직도 생생하다.

봄바람 훈풍 오기 전 찬바람
김매신 그리운 어머니

못다 한 사랑에 가슴이 메이고
세월은 흘러도 어제 같은데

봄바람 훈풍 불어오길 기다린
어머님 사랑이 가슴속에서
요동치기 때문이다.

라일락 꽃망울

라일락 봄 예시하는 상상력
매서운 겨울이 지나고

봄기운이 감도는 4월이면
라일락 향기로 희망의
봄맞이한다.

고향에 매화 향기는 순하고
은은하지만 라일락 향기 진해서

사랑으로 존재하는 고향
향기가 날아가는

꽃망울 터져 나올 봄기운
꽃샘추위 꽃향기 더 진해지면

진한 향기 그리워하는 그녀는
삶의 생기 가득 봄기운 느낀다.

힘들고 어려운 시기에 봄
삶에 희망 주는 시작이다.

화사한 봄날이 오길 바라며.

고향 가는 길

흥부가 곤장 맞고 닷 냥 받으려 했던
돈[錢]받재 넘어 불교 성지(聖地) 옴천
기활재 위 소설 태백산맥 인공군사령부
옥녀봉(玉女峯) 넘어 쇠천물[牛涎泉] 지나
왜놈 침략 막으려 마천목 장군이 쌓은
설성(雪城) 하멜 기념관

자긍심 채워진 고향에
천년 고목 물들어가는 은행나무 황금빛
자연 들녘 한들, 시커먼 속마음 버려
피어난 배진강 연꽃

물장난 놀이터 금강 한 세금,
청구 새하얀 모래 쌓여 어린 시절
흥미진진했던 마음 되살았나!

탐진강에 흐르는 금강 따라 옛사랑
생각나게 용두는 코앞에 두어
그리움이 쌓이고

고향 세월 따라 변해도
옛 추억 담긴 가는 곳마다
마음에 사랑 평화 채워 주는
그리워하며 세월 보낸다.

무각사 찻집

창 넓은 무각사 찻집
그녀와 다정하게 단둘이 앉아 차를 마실 때
분명 밖에 매화 향기가 진동했다.

언제나 그렇듯 그녀 앞에선
가슴 뛰고 마주하고 쑥스러운 생각이
차 맛 어떤지 생각 없고

항상 그런 마음이었지만 못다 한
내 마음 애절하다고 말하기엔

아직도 망설이고 혹시 눈치챌까?
조바심 마음으로 살아간다.

매력적이고 향기 가득한 그녀와
다정하게 옛 얘기 초롱초롱 눈망울
뚜렷해도 내 가슴 뛰고

가슴에 숨겨둔 첫사랑 아름다움으로
승화된 마음으로

그녀가 내 앞에 있어도 그리워하며
살아간다.

아직도 매혹적인 그녀
그리워하며.

동은(東隱)공원

고향에 아름답게 단장된 동은공원
어릴 때 놀이터 아름드리 구상나무
금송 위에 숨바꼭질

꽃피는 배롱나무 올라
베짱이 노래도 부르고 독서도 한
젊은 남녀 데이트 코스
사랑 속삭였던

조선 팔도 땅 부자 동은 선생
조성한 산소

힘든 시절 공원시설 없어
젊은이 휴식처

올라와서 아랫마을 보면 봄에 피는
꽃으로 마을은 무릉도원 멀리 배진강

저수지가 한눈에 설성위 즐비한
몇백 년 된 고목 팽나무들
장관이던 고향에.

그녀 속마음

알 수 없다는 속마음 알려고
하면 견디기 힘들어

시간은 말해준다는 말에도
주체할 수 없는 궁금증 커지는
눈망울 앞에 서성인 그녀가 하는 말

"너만 사랑한다고."

감동, 감격스러운 순간에
눈물 흐르고 눈망울 앞에
있던 그녀 사라지는

아픔을 가슴 속에 넣으면
진한 사랑 더 힘들지

않을까 하는 기대도 꿈꾸어 본다.
진정 그녀 사랑하는 마음으로.

고려대 보성전문학원

대원군 쫓긴 명성황후 등에 업고
충청도까지 뛰었다는 이용익(李容翊)

고종 보부상 총수, 탁지부 대신
역임한 이용익 만든 학원이었는데

우여곡절 열흘간 단식 고집부려
김성수 매입 보성 학원이 고려대
자신이 설립했다 말한

호남평야 쌀 일본에 수출해 거부
토지 많이 소유했던 고창 김성수

아비는 노비였다 시 짓고 조선 청년들
천황을 위해 전쟁 참가 목숨 바치라고

군사쿠데타 전두환
단군 이래 최상 현군이라 했던 서정주
시 "아비는 노비였다" 지주.

고향 탕건바위

사또 샘 위에 탕건바위
샘물 떠 정화수 놓으면

근심 걱정 사라진다.
한 많은 아낙 정화수
간절히 애원했을 것인데
세상은 변해도 인간에게
근심 걱정 많아서

내 마음 알아줄 내 근심
속 시원해지는데
소원 풀어준다면

정화수 떠 놓고 간절히
기도했을 어머니 생각하며
늙어간다.

진달래

봄바람 피어나는 진달래
산에 피어 봄 처녀 설레게

먼발치 보면 고운 색시같이
예쁘고 아름다워 아지랑이
피어나는 꽃 내 마음 산들거리고

꽃잎 예뻐 따먹으면 입속 파란색
동산에 오르면 반가워하는
분홍색 옷 입은 그녀 가슴 두근거린다.

마음에 가득한 사랑 차마 말 못 하는
순수한 사랑 하늘의 뜻으로

이 느낌, 예나 지금이나
아직도 변함없어 살아서 맛보는
가슴 설레는 행복

별을 사랑하는 마음으로

밤하늘에 별 바라보며 가슴에
자기만의 무언가 속삭인다.

미래 꿈, 다가올 희망, 사랑하는
그녀 아름다움 지난날의 아쉬움.

별처럼 생각나는 사람 가슴에
멀리 가까이에

별처럼 우러러 사랑하는 사람
아무도 모르게 가슴에 담아두고
사랑하는 그녀다

사랑한다 말 못 했던,
내 가슴에 빛난다.
느끼며 살아간다.

내 생이 끝나는 날까지
망설이며 말 못 하는

순수한 사랑이 가슴에
가득 채워졌어.
오늘도 그리워하며.

사랑하면서

아름다운 꽃으로 사랑하고 싶다.
예쁜 꽃으로 사랑하며 살아가고 싶다.
내 사랑 몽땅 주어서 너 없인 허망하다.

눈앞에 어른거리는 너의 모습
내 영혼 속으로 들어오는

네 가슴 누가 있는지 모르지만,
내 가슴 너만 있다.

물맛 같은 사랑이기에 생기가
가득 움트는 새순 잎 돋기 전에
알뜰하게 사랑하고 싶다.

한겨울 찬 서리 견디기에 피는
대지 아지랑이 신비롭게

낙엽송 새순잎 빛깔

낙엽송 새순잎에 비취는
색깔 햇살 신비의 순간

첫사랑 그녀를 느끼고
아름답게 지금도 느낀다.

낙엽송 새순잎 빛깔 그녀
빛나듯 평생 황홀하게 경외 느끼며
자연의 신비 알게 된 마음일 땐
자신 돌아본다.

업(業)을 했기에 보(報)를
보(報)를 받았기에 업(業)이

떨어져 가는 낙엽처럼 첫사랑
추억을 잊을 수 없겠지만

한 알의 씨앗이 영글면 스스로
떨어져 다시 태어나지만

우리도 아름다워져 가는 삶이길
기도한다.

낙엽송 새순잎 빛깔

2025년 3월 20일 인쇄
2025년 3월 25일 발행

지은이 김찬중

펴낸이 강경호 편집장 강나루 디자인 정찬애
펴낸곳 도서출판 시와사람
등록 1994년 6월 10일 제 05-01-0155호
주소 광주시 동구 양림로 119번길 21-1(학동)
전화 (062)224-5319 E-mail jcapoet@hanmail.net

ISBN 978-89-5665-759-2 03810

공급처 ■ 한국출판협동조합
경기도 파주시 탄현면 오금로 30
주문전화 (02)716- 5616, 070- 7119- 1740

· 잘못된 책은 구입하신 서점에서 바꾸어 드립니다.

이 도서의 국립중앙도서관 출판예정도서목록(CIP)은
서지정보유통지원시스템 홈페이지(http://seoji.nl.go.kr)와
국가자료종합목록 구축시스템(http://kolis-net.nl.go.kr)에서
이용할 수 있습니다.